권춘희 유고시집

이렇게
그리울 줄은

권춘희 지음
홍만표 엮음

책나무출판사

이러케 그리울 줄은

초판 1쇄 발행 2025년 1월 15일

지은이 권춘희
엮은이 홍만표

펴낸이 임병천
펴낸곳 책나무출판사
출판신고 2004년 4월 22일 (제318-00034)

주소 서울시 영등포구 신길3동 325-70 3F
전화 02-338-1228 **팩스** 0505-866-8254
홈페이지 www.booktree.info

ⓒ 권춘희 2025
ISBN 978-89-6339-745-0 03810

*이 책의 판권은 지은이와 책나무출판사에 있습니다.
*양측의 서면 동의 없는 무단 전재 및 복제를 금합니다.
*잘못된 책은 바꿔드립니다.

| 엮은이의 말 |

    어머니의 아버지에 대한 그리움이 이렇게 크고 애잔한 것인 줄은 미처 몰랐습니다. 남편과 자식에 대한 그리움, 고향과 이웃에 대한 그리움, 동기간에 대한 그리움 등 어머니의 일기장은 이들 그리움으로 가득했습니다.
    이에 더해 어머니의 인생사 희로애락과 근심·걱정을 추리고 골라 엮으니 백여덟 편의 노래가 되고, 시가 되었습니다. 이것이 바로 어머니의 인생살이에 대한 백팔번뇌(百八煩惱)였구나 하는 생각을 하니 마음이 짠합니다.
    그리고 일기를 시집으로 엮을 만큼 저도 어머니가 이렇게 그리울 줄은 몰랐습니다. 시집을 엮으며 소설가 한강의 "당신이 세상을 떠난 후 장례식을 치르지 못해 내 삶이 장례식이 되었습니다."라는 말이 생각났습니다. 저도 지금, 장례식도 없이 보낸 어머니께 유고시집이라는 조사(弔辭)를 바치며 어머니의 장례식을 치르고 있는 것인지도 모르겠습니다.
    올해로 5주기(周忌)를 맞은, 보고 싶은 어머님 영전에 이 시집을 바치며, 자신의 어머니를 사랑하고 그리워하는 모든 분께 이 시집을 드리고 싶습니다.

2025. 1. 홍만표

| 목차 |

엮은이의 말   3

제1부 · 인생무상

인생무상	12
이러케 그리울 줄은	13
영감 생각1	14
영감 생각2	15
영감에게	16
어예 살꼬	18
사는 게 고생	19
사는 게 걱정	20
못 배운 한	21
수희 에미	22
한양사 아줌마	23
경노당 친구	24
세월 잡을 사람은	25
패물	26
지엽운 세월	27
언제 아침이	28
밥바야 조타	29
울고시퍼	30

제2부 · 고향

고향1	34
고향2	35
청소	36
저걸 엇쩌지?	37
뒷집형님1	38
뒷집형님2	39
창원하숙 언니	40
똑순이 언니와 전옥기 언니	41
권장노와 권경화족카	42
전이장과 이웃들	43
겨울풍경2019	44
안동동생1	46
안동동생2	47
춘양 큰동생	48
영주동생	49
막내동생	50
이질 주익이	51
택시럴 불너야지	52

제3부 · 박실이

자식	54
박실이1	55
박실이2	56
박실이3	57
박실이4	58
박실이5	59
박실이6	60
아들 삼형제	61
맏댄 채금	62
예수님이 먼저라	63
압푼 손가락	64
작은딸	65
성준이 에미	66
성헌 에미	67
손자 성재	68
외손자들	69
생질 조카 질여	70
서울 사돈	72

제4부 · 현동역 대합실

현동역 대합실	74
밤	75
고구마 줄기	76
맛는 게 조타	77
물이라도 주세요	78
일회용 마스크	79
나는 게그르다	80
운동	81
시장보기	82
가는 정 오는 정	83
엇던 아저씨들	84
손집사1	85
손집사2	86
그런 언니	87
엇던 새댁	88
친구 조금태1	89
친구 조금태2	90
복지관	92

제5부 · 무럽얼 다첫서

병원	94
친구따라	95
열 번이라도 오지요	96
사진은 열심히	97
새벽 세 시에	98
수술하면 쓸나고	100
이런 줄 누가 알아	101
교회 한으사	102
혈압약	103
난초꽃피다	104
내일은 토요일	105
시시마금	106
무럽얼 다첫서	107
목욕	110
이거럴 누가 알아 줄가	111
나는 왜 이래 사나	112
내 손이 내 딸	113
이월 초하루	114

제6부 · 하나님 뜻대로 하세요

교회	116
팟죽	117
뭘 아라야 하지	118
어버이 주일	119
목사님 취임식	120
호국평화기념관	121
하나님 뜻대로 하세요	122
경노당	123
외로워도 편타	124
에어콘	125
고돌이	126
소낙비	127
딸 때도 잇다	128
행사장	129
계란 두 판	130
안 사고는	131
누가 걱정이나 하나	132
권가라 하드라	133

추모시1	어머니, 요단강을 어떻게 건너셨나요?	134
추모시2	어머니, 꿈에도 몰랐습니다.	143
추모시3	엄마 미안해!	145
추모시4	어머니를 그리며	147

· 제1부 ·

인생무상

소천면 현동4리

인생무상

추석 차례럴 지내고
영감 산소에 갓다.
길이 얼마나 막키는지
건는 것보다
차가 더 더디다.

애비는 지루하다고
걸다가 타고 탓다가 걸고
그래그래 다 가고,
성준이는 다리 아푼 날얼
태와 가지고 끗까지 갓다.

그래 영감 차자 가도
오나 소리 한마디 업고,
한참 안자 놀다가 와도
가나 말 한마디 업다.

나도 죽으면 똑갓겟지.
서글푸다.
인생이 무상하다.

이러케 그리울 줄은

약도 떨어지고
어지럽고 팔 압푸고
혼자 안자스니
압푼 이약이럴
어데 할 데가 인나.
병원이나 가야지.

약은 먹어야 하고
먹기는 실코
압푸고는 못살고
사는 게 고생이다.

사람이 이러케
그리울 줄은 몰랏다.
하늘나라 가고 업는
영감이 보고 십다.

영감 생각1

오만 원 주고 표 열 장 사고
이만 원 주고 때 밀고
목욕비로 칠만 원얼 쓰고 나니
악기고 악기든 영감 생각이 난다.
나도 난상 처음이다.

목욕오는 사람 중에 반언 때럴 민다.
오천 원 더 주고 오이맛사지도 밧고
어름 당겐 커피는 다들고 드러온다.
나는 그 커피 한 통 안 사먹어 밧다.
나도 그 돈 쓰고 살아도 대는데
돈 버린는 영감 생각이 나서
그래 못쓰겟다.

갓치 쓰고 살면 그르치 안을건데
내가 영감한테 잘 한 것도 업고.
밥도 제대로 못 해주고 살앗는데
갓치 살만하니 갓부고.
불상타.

영감 생각2

수건얼 주마서
아이 씩고 쌀마 씩고
우러나라고 당과낫다가 짜너는데
마당에 줄이 얼마나 존노.

그런데 팔이 안 올라가
빨래럴 못 넌다.
마루에 인는 줄에다 널어 녹코,
안동동생한테 전화럴 하니
일이 만아 죽겟단다.

영감, 아들 빨내하고
삼시 해먹는 반찬하느라고
놀새가 업네
언니는 편하네 한다.

밥 해 먹고 빨내하고
홀애비로 이십년을 사랏던
영감 생각이 낫다.

영감에게

당신은 천국 가서
추운 것도 모르고
더운 것도 모르고
압푼 것도 모르고
편안하게 잘 잇지요?

나는 사람이 그립고
외로워서 못 살겟네요.
하루종일 잇서도
차자오는 사람 업고
경노당에 안 가면
사람 구경 못하고.
몸언 압푸고
이제는 지루해서 못살겟네요.

오남매 키우면서
당신 뒷바라지 할 때는
세월이 언제 가는 줄도 모르고
낫도 쩔꼬 밤도 쩔꼬

정신 업시 사란는데.
갓치 왓다 갓다 하든 고향도
이젠 몸이 아파 못가요.

추운 것도 업고
더운 것도 업고
압푼 것도 업는 천국에서
편안하게 잘 잇지요?

어예 살고

하루종일
누었다가 안젓다가
청소가 하고 십퍼
누었서도 안 편하고
안젔서도 안 편하고.

억지로 방얼 한 불 딱가노니
그 걸래럴 때가 쑥 빠지도록
빨아야 속이 시원한데
팔이 압파서 주굴지경이라
그 걸래럴 못 빤다.

내가 이래 가지고
어예 살꼬.
엽페 사람 하나 업고.

사는 게 고생

아침 일직 일어나
택시럴 불러녹코
대구 올 준비하느라고
밥벗다.

올나그러도 일이 만코
가도 일이 만코
듯집 건사하는 게
보통 일이 아니다.
몸언 늘거가고
맘대로 쓰지도 못하고
어예먼 존노.

병원 가니
어깨 사진얼 찍어보고는
잘 붓고 인네요 햇는데
양쪽 팔얼 들지도 못타고
이레 가지고 어예 사노.
사는 게 고생이다.

사는 게 걱정

성재네 부자가
내일 온다 하여
청소기로 청소럴 하는데
한 손으로 들고는
못하겟드라.

땀이 바닥에
뚝뚝 떨어지두룩
땀얼 감당얼 못한다.
어지러워 못 살겟고
눕는 게 젤 편하다.
누으면 몬 일어난다.
실큰 자거나 쉬야 일어난다.

이제 청소도
맘대로 못타고
어예 살고.
사는 게 걱정이다.

못 배운 한

하루종일 비가 온다.
방 박얼 안 나가 보고
누엇다가 안젓다가.
문만 여러 보고
안젓다가 섯다가.

큰길에 차 다니는 걸 보니
나도 운전 배워서
저래 한 번 달여 밧스면
죽어도 원이 업겟다.
못 배운 한이 만타.

절문네들 동창회 간다하면
나는 왜 저런 시절이
업선는고 불부다.

나는 세상얼
헛사랏다.

수희 에미

오늘
질여 하나를
이렀다.

수희 에미
연식이가
암으로 고생하다가
하늘나라로
갓단다.

하마 죽어서
안 대는데
벌써 갓단다.

마음대로
안 되고
가슴이 압푸다.

한양사 아줌마

친구 하나가
하늘나라로 갔다.
한양사 아줌마다.

부부계럴 멫십 년얼
갓치 했는데
우리 염감이
저 세상 가는 바람에
계럴 그만 깨고 마랐다.
사 년 만에
한양사 아저씨가 가고
또 삼 년 만에
친구마저 가버렸다.

옛날에 갓치 다니며
놀든 일얼 생각하니
어제 갓튼데
하마 다 죽다니.
슬프다.

경노당 친구

오후에 비가 온다.
오랜만에 오는 반가운 비다.
살 거 갓다.

빗속에 우산얼 들고
경노당에 가니까
압파서 몇 달 못 나오든
친구가 죽엇단다.

내보다 네 살이나 아랜데
얼마나 섭섭한지.
사람 죽는 게
그리 십는가.

인정도 만코
조흔 사람이언는데…….

세월 잡을 사람은

경북대 안에
운동얼 간는데
그 예쁘든 단풍입피
다 떠러저서
오금이 빠진다.

그만튼 모과도
다 따가고 업고
세월이 빠르다.

오만 걸
다 만드러 내는
세월에
세월 잡을 사람은
업는가.

패물

패물얼 다주마 가지고
가서 팔앗다.
성준이 에미 해온 예물 옷세
금단추도 따고.

나두고 바야
내가 평생 살고 인나
어제 뉴-수에 금갑시 올낫다 하니
갑자기 팔구십퍼.

보이는 금은방은 다 가보니
우체국 맞인 편 금은방이 젤 낫드라.
그래서 거기서 다 팔앗다.

통장 가지고 가서
이십만 원 차자 보태 가지고
육백만 원 저금 해낫다.

지엽운 세월

할 일은 업고
잇서도 못타고
누엇다가 안젓다가
하루 해가 길다.

오나가나
세월이
지루하다.

하루종일 누엇다가
경노당에 가서 놀다
저녁 먹고 왔다.

이 밤은 언제 샐까.
낮도 길고 밤도 길다.
이 지엽운 세월을
다 어쩌지.

언제 아침이

오늘도 여전하다.
할 일이 인나.

한나절 자다가 점심 먹고
경노당 가서 놀다가 와서
저녁 먹고 텔레비 보다가
잠이 안 와도 누워 배긴다.

나제 한 잠 잣드니
잠도 안오고 덥기만 하고
시간이 더 안 간다.
시간은 아직도
아홉 시 박게 안 되네.

이 밤이
언제 아침이 될까.
이러케 할 일 업시
시간 갈 때만 기달려 어야노.

밥바야 조타

한나절 자다가
점심 먹고 경노당 가서
고돌이 치고 저녁 먹고 왔다.

오는 길에 뒷골목 정자에
또 둘러 안자 실컨 놀다가 왔다.

그래도 이제 여덜 시다.
자는 일만 나먼는데
이 밤이 언제 다 샐꼬?

병원도 안 가고 한나절 누엇다가
한잠 자고 점심 먹고 경노당 갓다.

남언 화토치고 노는데
나는 팔 안 씰나고 그양 안자스니
시간은 더 안 간다.

오나가나 노는 것도 지엽다.
사람언 밥바야 조타.

울고시퍼

허리가 압푼 줄은 모르겟는데
며칠 전부터 입마시 업고 목이 자꾸 마른다.
엽자리 할매가 두 번째 금사밧고 8층으로 가더니
우리는 며칠 더 잇다가 7층으로 올려 보내드라.

가튼 방에 잇던 네 명 모두 오늘 8층으로 또 옴겻다.
나 하나만 옴기라 햇으면 확진인가 눈치럴 챗슬텐데
이유도 바로 이약이 하지 안코 모두 옴기라 하니
뭔 일인지 몰라 어리둥절 해 하고 잇다.
아마 확진이라는 것 갓다. 곧 다른 데로 옴긴다드라.

차럴 타고 와서 잘 모르겟다만 동산병원인 것 갓다.
아주 큰 병원이다. 7층 707호실이다.
밥얼 못 먹어 못 살겟다.
과일도 가져 왓지만 먹고십지 안타.
밥얼 두 숫가락 박게 못 먹는다.
기운이 업서 말도 못 하겟다.

오나가나 치료해 주는 것언 업다.

아무 증상이 업고 그냥 대기만 하고 잇다.
병원 측에서는 전화해서
수시로 내 몸 상태럴 뭇는다.
가튼 병원에서 직접 와서 물지 안코
왜 전화로 뭇는지 모르겟다.

왜 자꾸 전화럴 하노?
아침 밥얼 못 먹고 잇다가 늦게 먹는데
한두 숟가락 떠 너으니
목이 매키고 배가 압파 죽울 애럴 먹엇다.
간호사가 밀고 두드리고 해서 갠찬아젓다.
그 후에 국에 말아서 억지로 조금 먹엇다.
열도 안 나고 아무 증상도 업다.

나는 오늘 죽울 구덩이에 왓는지 죽울 것 갓다.
7층에 잇다가 5층으로 왓다. 넷 중에 혼자만 왓다.
여기 와서 오만 금사럴 다 햇다.
사진얼 이리 찍고 저리 찍고 수도 업시 찍엇다.
금사 후 코 막고 입 막고
숨도 못 쉬게 해서 갓다 노으니
금사 밧다가 죽울 것 갓다.

이 병원으로 오고는 의사 안 왓다.
간호사들언 밥바서 정신이 업다.
여게 불려가고 저게 불려가고
울매나 밥분지 모른다.
병실이 환자들로 꽉 찻다.
여게 꽉 차게 누어 잇다. 총총이 붓터 잇어.
양손이 벌벌 떨래고 죽겟다.
자리도 불편해서 죽울 지경이다.
조금씩 떨랫는데 오늘언 금사밧는다고 더 떨랜다.
먹을 게고 쓸 게고 끌고 다니다가 다 이러버렸다.

엑스레이 사진얼 만이 찍엇어.
오만 금사럴 다 해서 힘들어 죽겟다.
숨도 못 쉬게 해서 누펴 노으니 죽울 지경이다.
목도 안 아프고 배도 안 아프고
아픈 데는 아무 데도 업어, 정신도 말꼬.
갓치 잇던 할매 하나가 맨날 울기만 해서
울기는 왜 저러케 우는고 십더니
오늘은 나도 울고시퍼.

* 입원 중인 어머니와의 수차례 통화내용을 옮겨 적은 것입니다.

• 제2부 •

고향

고향집 낙천재(그림 홍만표)

고향1

오늘언 고향 가는 날.
세 시가 지났는데
잠은 안 오고
가방만 챙기다 날얼 새웠다.

더워서 걱정인데
박실이가 일곱 시에 와서
정유장까지 태워 주고
버스표도 끈어 조따.

오는 데는 버스에서
시원하게 잘 왓는데
열한 시 십 분에 내리니
대구나 어디나
볏살이 뜨겁기는 맛창이다.

대문얼 열고 드러오니
마당에 풀언 쭌굿 쭌굿.
온 데 거미줄언 얼기 설기.
저 청소럴 언제 다하지.

고향2

고향집에 오니
마당에 풀은 수북수북
마루에 먼지는 부엿코
거미줄언 여기저기 걸엿네.

도라보니 전부 손 갈 덴데
몸언 말 안 듯고 마음만 번하네.
청소 대강 해 녹코
라면얼 끌여 먹얼까 하는데
압집 아지매가
밥 한 공기럴 가지고 와서
점심얼 잘 먹엇서.

저녁에는
라면얼 끄려먹고 나니
부면장댁이 쑥떡얼
가지고 완네.

그래도 이우지 잇서
고향얼 오지.

청소

집 안에 감나무 입피 한 불 덥펏다.
마루 밋태는 고양이 똥이 거득하다.
아침부터 줍고 씰고 하다 보니
열 한 시가 넘엇네.
라면 하나럴 끄려도 반박게 못 먹고
피곤해서 그양 누어 싯-다.
한 달에 한 번식 고향집 청소하느라
몸살이 난다.

허리가 끈어지는 것 갓치 압픈데도
화장실까지 안박걸 다 딱갓다.
청소럴 한 손으로 하니 힘만 들고
딱가도 딱가도 끗치 업다.
소변기에 누가 오줌 한번 누구가면
물 퍼버 씩고 딱고 그래 썻다.
삼십 년이 다 대가도
만날 금방 달라노은 것갓치.

평생얼 그래 살아도
해논 데는 업고 이제는 병만 나맛다.

저걸 엇쩌지?

뒷담 박게 부룩구럴 깔고
길은 잘 해 난는데
비만 오면 뒤안에 물이 들어온다.
저걸 엇쩌지?
아침부터 비가 만이 온다.
뒤안에 물이 또 들어올텐데.
저걸 엇쨋고?

뒤안에 물 드러온다고
잔소리 했드니
공사하든 사람이 와서
모레 위에다가 세멘얼
슬쩍 발나녹코 갓다.
저게 울매나 갈꼬?

면사무소 차자 가서 이약이럴 했드니
직원 두 분이 와서 돌아보고는
담 밑에 세멘얼 한불 더
바르는 수박게 업네요 하고 갓다.
저걸 언제 해 줄꼬?

뒷집형님1

고향집에 도착해서
어데럴 먼저 청소해야 할지?
덥기는 하고 어지러어서
청소럴 못하고 누엇다.

뒷집형님이 내 오는 시간얼 알고
옥수수럴 쌀마 녹코 먹고 가라칸다.
가서 옥수수도 먹고 밥도 먹고
형님 덕에 정신이 도라와서
마당에 풀얼 뽑고
청소럴 대강 햇다.

일곱 시가 넘두록 청소럴 하고 나니
이벗던 옷시 함박 다 저젓다.
얼마나 더운지 물얼
시큰 퍼붓고 나니 시원하다.

뒷집형님이 준
쌀문 옥수수로 저녁 먹엇다.
고마운 형님이다.

뒷집형님2

뒷집형님하고
뒷산에 밤 주 로 갔다.
4리에 사십연 넘도록 사라도
뒷산얼 한번 안 가밧다.
나이 팔십이 넘어서야
할 일이 업서 가밧드니
밤낭기 그래 만은 줄 몰랏다.

뒷집 형님은
가방 지고 장화 신고
면장갑 끼고 고무장갑 끼고
단도리럴 얼마나 해 가지고 간는데
나는 딸랑 비닐봉지 하나 들고 갔다.

평생에 처음이다 보니
멀 아라야 하지.
형님한테
만이 배웟다.

창원하숙 언니

창원하숙 언니가
놀노 오란다.

그래서 갔드니
놀다가 점심 먹고,
놀다가 한 잠 자고,
오는 데는 간장, 된장, 고추장
한 보따리 준다.

어제 내가 수퍼에 가서
쌈장얼 사 가지고
오는 걸 보고는
우리 장 갓다 먹으라 하면서
그만큼 준다.

너무 고맙다.
나는 그 공얼
무엇으로 할까
마음뿐이다.

똑순이 언니와 전옥기 언니

어제는 명산에 가서 오리탕얼 먹고
남은 걸 가지고 똑순이 언니 집에 가서
고돌이 치고, 저역까지 먹고 왔다.
곗날마다 똑순이 언니집에서
고돌이 치고 놀다가 밥해 먹고,
짜장면 시켜 먹고, 국수 쌀마 먹고
연속극 보고 놀다 온다.

오늘은 아직 아침도 안 먹엇는데
부지런한 언니는 하마 아침 먹고
곤짠지럴 가지고 왓드라.

전옥기 언니가
갓치 운동 가자고 한다.
운동얼 하고 자기 집으로 가서
마당에 심어 노언
가지하고 파하고 잔뜩 뽀버준다.

참 고마운 언니들이다.

권장노와 권경화족카

아침에 터널로 해서 한배미로
돌아올 생각하고 가는데
권장노가 자전거럴 타고 뒤따라 온다.
얼마나 반갑든지 인사럴 하고
옛날 이야기럴 하면서 오니
그 길얼 어예 온 줄 모르겟드라.

오랜만에 오빠하고 길얼 걸었다.

집에서 이것저것 만지고 인는데
권경화 족카가 전화럴 햇다.
면사무소에 볼이리 잇서서 완네 하면서.
오게 차라도 한잔하고 가게 햇드니
짜장면이라도 점심 먹세 한다.
점심얼 먹고는 나럴 집까지
태워다주고 갓다.

같은 권가라고 나럴 그래 생각는다.

전이장과 이웃들

초등학교에서 체육대회럴 한다고
동네 사람들 다 가는데 갓치 갓다.
추첨얼 하는데 전기 압역 밥솟치 걸였다.
사십만 원짜리란다. 내 평생 첨이다.
전영하 이장이 실어다 주엇다.
미안코 고마웠다.

뒤안에 자근 감나무 하나럴 빗다.
손집사는 비고 나는 마당에 끌어내고
그래 다 짤나 무제녹코 갓다.
팔 압푸다고 날- 그맛치 도와준다.

보일라실 뒤 대추나무에
대추가 오다가다 멋 개 달엿다.
짱때럴 빌여 떨기 시작는데
압집 남수아저씨가
나물밧테 비료 주고 잇다가
보고 다 떨어준다.

각가이 인는 이우지 자식보다 낫다.

겨울풍경2019

오늘은 춥다.
바람도 만이 불고,
낙엽도 날아오고,
추울 때가 됫지.
빗물이 고엿는 데는
어름도 어럿대.

동네 사람들
공공글노 일하로 가서
추운 날에 왔다갓다 하다가
열 시도 덜대서 다 드로오대.

일 하로 안 가는 손집사는
커피 먹으로 경노당 간다대.
태한네 엄마는 눈이 어두어서
밥 먹는데도 헤매고
하나하나 갈체 조야 해서
남에 눈치 보기 실어
경노당언 안 간다대.

대순네 집에 가서 안자 노는데
화성다방 갑장이 와서
갓튼 갑장인 홍섭씨 부부
이약이럴 하대.
댁이 치매가 와서
영감이 몃연째 간병하느라
고생하고 인는데 점점 더해서
영감이 죽울 지경이라대.

뉴-수에
내일은 더 춥다 하대.

안동동생1

기차럴 타고 오다가
안동동생네 집에 들럿다.
한잠 자고 나니 잠은 안 오고
사라나온 이약이럴 내노니 끗이 업다.
주고 박고 날얼 샛다.

동생 시집살이 이약이럴 드르니
그래 가지고 어예 살앗나 십드라.
자살도 팔자에 잇는지
물에 가서 물얼 들여다보니
무서워서 못 들어 가겟고,
약얼 먹을라니 압페 녹코 안자서
무섭기만 하고 못 먹겟드란다.

그래 그래 살다 보니 이적근 살앗는데
이제는 영감한테고 동기한테고
큰소리치고 살만하니
몸이 압파서 고생이란다.
날얼 새워 그런가
목이 꺽꺽하고 가슴도 아푸다.

안동동생2

어제 오는데 안동동생이
감자랑 옥수수, 오리고기, 유과럴
골고루 한 봇다리 싸서
제부에게 보냇다.
제부가 안동역에 와서
기차가 도착하니 올려준다.
동생에게 고맙고 제부에게 미안트라.

그걸 내가 운제 다 먹노.
친구들한테 전화해서
점심 먹자 햇드니 네 명이 왓드라.
오리고기 뽁고 생선 꿉고
점심얼 잘 먹엇다.
고돌이 치고 놀다가
저역까지 먹고 갓다.

동생 덕에 친구들에게
칭찬 만이 들엇다.

춘양 큰동생

큰동생이 사과하고
쌀얼 보냇다.
춘양까지 갓다 녹코 간 걸
막내동생이 붓첫다.

택배 바들라고 하루종일
경노당에도 못 가고 기달엿다.
오후 세 시가 다되서
택배아저씨 전화가 왔다.

나가서 대문얼
열어 녹코 나니
쌀 한 자루하고
사과 한 상자럴 들나 준다.

아이고,
부자만 싶다.
공께 업는데 걱정이다.

영주동생

얼마나 뜨거운지
골목도 나가기가 실타.
영주동생하고 전화로 더운 이약이하고
이런저런 이약이 하다가 보니
사십 분이 갓다.

연속극 보고 인는데
영주동생이 전화럴 햇다.
나제도 안 박고 저녁에도 안 박고
어데 갓딩고? 한다.

종일 청소하고 대추 따고
안동 김실이가 전화하고
영주 김실이도 전화하고
동생들 전화 받다가 해가 젓다.

자식들 전화는 업서도
우리 남매는 그래도
한 달에 한두 번언
전화럴 한다.

막내동생

저녁에
이웃 사람들과 안잣다가
전화럴 바드니
막내동생이 드온단다.
닭얼 튀기고 옥수수 쌈고
두부, 소주, 콜라, 쩌먹는 호박 하고
부부 두리 양손에 뭇줄하게 들고 왔다.
놀고 잇든 이웃사람들이
동생칭찬을 만이 햇다.
각가이 잇는 막내동생 덕을
만이 본다.

전번에는 어버이날이락고
닭얼 튀기고 소고기럴 사고
국거리도 다 준비해 갓다주고 가서
뒷집형님 불러 가지고
동생 자랑하면서
맛익게 잘 먹엇는데…….
동생이 고맙다.
나는 해 주는 게 업는데.

이질 주익이

연탄재 내다눅코 가는
손집사럴 따라 가서
국수 쌀마 먹고 놀고 인는데
이질(姨姪) 주익이가 전화럴 햇다.

이모 어데 잇서요?
뒷집에 잇다 곧 가마 캔는데
하마 뒷집으로 차자 왓다.
이모 곧 간다는데
외삼촌 하고 갓치
저녁 먹얼나 햇더니
시간이 안마자 안 되네요,
맛인는 걸 사 자세요.
하면서 봉투럴 주고 갓다.

힘들게 번 돈이
심만 원이나 드럿드라.
고맙드라.

택시럴 불너야지

날시가 얼마나 조흔지
내일 대구 갈나고 생각하니
그동안 쓴 수건이고 옷이고
그양 두고 갈나니
쩝쩝해서 안대겟서.
주마서 멋가지 씐느라
한 손으로 죽을변하고
씨 너럿다.

다 마르고 나니
소낙비가 퍼분는데
멋칠 완는 비 보다도 더 만이 오네.
내일 갈나 하는데
비가 이럭케 만이 오면 가겟나?
약 가지고 온 걸 다 먹엇고
가기는 가야 하는데
자고 바야 알겟다.

택시럴 불너야지.

• 제3부 •
박실이

소천면 분천3리 자마리(그림 홍만표)

자식

자식 만아도 소용 업다.
짝만 지여노니
저- 새끼 키우고 저- 사느라고
부모 생각할 여가가 업다.
아들이나 딸이나
전화라도 자주 해주면 얼마나 조흘가.
남으집 아들딸은 아침저녁으로
전화럴 한다는데.

자식들이 보고 십퍼도
내 맘대로 갈 수가 인나
명절 아니면 볼 수가 인나
죽는 날까지 이래 살아야지
어느 자식이 날 델다 모시겟노.

이레라도 못 굼니면
요양원에 갓다 여녹코
죽울 때만 바라보고
오다가다 와 보겟지.

박실이1

아침 일직이 이러나서
고향 갈 준비럴 햇다.
박실이가 차럴 가저 와서
정유장까지 태와다 조따.

버스표 끄너주고
가면서 차 안에서 먹으라고
따뜻한 두유도 사주고
내가 고향 갈 때마다
박실이가 수고하고 돈 쓴다.
지도 만이 밥분데
고맙고도 미안타.

올 때는 은자가
마중을 나온다더라.
갈 때 태워주고
올 때 마중 나오고 고맙다.
딸들 덕에 단인다.

박실이2

대구에 도착하니
박실이가 마중얼 나왔다.
성준이 에미가
어버이날에 돈 부첫다 하면서
형님하고 맛인는 걸
사먹어라 햇는데
만난기메 사먹고 온다고
쌀문 되지고기럴
마싯게 먹고 왓다.

오다가 동서시장에 가서
바지도 두 개나 사주고,
수박도 사주고, 참외도 사주도
장얼 만이 바주고 갓다.

맏딸이 나한테는
젤 소중하다.
지 일만 해도 밥바
정신 업설긴데 마이 미안타.
나는 해주는 게 업는데.

박실이3

오늘은 정월 대보름이다.
찰밥을 서너 가지나 해 먹던
옛날 생각이 낫다.

박실이가 찰밥얼 해가지고
귤 한 상자 사고
소고기 한 근 사고 장까지 바서
별인이 하고 갓치 들고 왔다.
올해도 박실이 덕분에
찰밥을 먹고 넘어간다.

지난 동지에는 팟죽얼
끌여 가지고 한 남비하고
귤, 딸기, 반찬거리
골고루 만이 사다 주고 가더니.

머글 거는 박실이가
떠러질 새 업시 사온다.
고맙다.

박실이4

박실이가 시어머니와
서문시장 간다고
나도 가자고 해서 갓치 갓다.
오랜만에 갓는데
서문시장 노는 날이라
난전에만 사람이 잇지
조용하드라.

보리밥집에서 점심얼 사 먹고
사돈 모서다 드리는데
갓치 청도까지 갓다가 왓다.
그래고 내집 압페
날 델다 준다.

내가 각가이 잇어
양쪽 다 신경씨느라
박실이가 만이 귀찬코 힘든다.
지도 이제는 우-밧치고
알-밧치는 나이인데.

박실이5

병원 가서 주사 맞고
사진 찍고 물이치로 바단는데
그 병원에서는 비싼 사진언
못 찍는단다.

정확하게 나오는 사진얼 찍어야
치로럴 하지 이래 가지고는 못한다
하면서 보호자 데리고 오란다.
박실이와 갓치 다시 병원얼 가니
범어네거리 영상의학과에 가서
사진얼 찍어 오란다.

사진얼 찍어 가서 보이니까
뼈에 금이 갓단다.
억깨는 기부수하기도 힘드니
팔얼 쓰지 마란다.

팔얼 어예 안 쓰노
박실이 돈만 썻다.

박실이 6

아들이 손자하고
갓치 온다는데
한편 반갑고 한편 귀찬타.
자식이고 손자고 보고 십기는 한데
내 몸이 압파 마음대로
움직이지 못타니
와도 귀찬타.

박실이가 엄마 힘들다고
아들 손자 데리고
저녁에 우리집에 오게 한다.
그 말이 울매나 반갑든지.

가서 놀다 자고 아침 먹고는
송해공원 가서 구경하고
애비하고 성재는 갓다.
담달에 성재가
군에럴 간다드라.

아들 삼형제

경북대학교 안에
벗꼬치 다 핏다해서
지기 전에 한번
가바야지 하고 갓다.

꼿도 만발하고
못세 분수도 찰란하고
사람이 인산태가 낫드라.
볏치 달아도
못 가에는 그늘도 조타.

거게 안자서 학생들 단니는 걸 보고
우리 아들 삼형제도
이 길얼 걸고 단엿지
십푼 생각얼 하니
부럽지는 안하드라.

지금은 서울에 가서
서울 땅얼 발고 단인다.

맏댄 채금

경노당에 가서
종일 놀다가 와서
라면얼 쌀물까 생각하다가
쌀얼 씨-서 안처녹코 나니
광주 인는 애비가
전화럴 햇다.

아버지 제사럴
나 혼자 지내고
저녁 먹엇네 한다.
수고햇다.
잘 이젓다.

에미는 압푸고
혼자 얼마나 신경 썻겟노.
맛댄 채금이 중하다.

예수님이 먼저라

오늘은 설날이다.
제사상얼 차려 녹코
삼형제하고 맛손자 형제하고
다섯이 제사럴 지낸다.

성헌이 삼 형제는
저 에미하고
따로 뒷방에서
기도한다네.

애비는 형얼 보느라고
어쩔 수 업서
제사상 압폐 서서
절얼 하겟지.
그 절얼 하구십퍼 할까.

부모 조상이 먼저라?
예수님이 먼저라?

압푼 손가락

덥기는 하고
침대에 누엇다가
잠이 드런는데 엄마가 왓다.
규철이는 엽폐 안잣고
엄마하고 두리
규철이 걱정얼 하고 안잣는데
규철이는 아무 말도 업시
울고 안잣네.

깨니까 꿈이래.
규철이 걱정이 얼마나 되는지.
내일언 추석 시-로 서울얼 가는데
규철이가 마중얼 나오기로 햇서.

이적근 장가럴 못 보낸
내 압푼 손까락.

작은딸

경노당 가서 놀다
저녁 먹고 와서 안전는데
은자가 일인용 매트럴
사 가지고 왓다.

그걸 깔고
한 시간만 땀얼 내면
팔이 난는단다.
그래면서 갓다주고 갓다.

지난달에는
멸치와 생선얼 만이 부처
박실이 불러서
잘 갈나 먹엇는데.
밧아도 걱정된다.

성준이 에미

추석이라
서울얼 갓다.
규철이가 강남터미날로
마중얼 나왓드라.

가다가 백화점에 들여서
과일 사고 술 사고
그래 가지고 들어가니
성준이 에미는
주방에서 티김하고
전 붓치느라 밥부드라.

성준이 에미가
일도 안 해 본 게
그래도 잘한다.

성헌 에미

병원 가서 주사 맞고 약 짓고
그래 와서 점심 먹고 나니
서울서 붓처 준
감자떡 택배가 왔다.
성헌 에미가 붓친 떡이다.
발목을 다처 몸도 불편한데
그거는 왜 붓치는지 모르겠네.

바다서 쩌 가지고
경노당에 가지고 가서
서울서 둘째 며느리가
감자떡을 보냇네 햇드니

모도 출출한 시간이라
도로 안자서 맛잇게 먹엇다.
덕분에 며느리 칭찬
만이 바닷다.

손자 성재

오늘은 성재가
군에 가는 날이다.
더운 날씨에 가서
어예 견딜꼬 걱정된다.

애비 에미가
진주에 데려다 준다든데
아홉 시가 넘어
전화럴 해 보니까
아직 오고 잇다네.
더운 날시에 고생햇다.

성재도 고생이 만켓다.
작년 추석에는
성남고속터미날까지 따라와서
표 사주고 손 흔들어 주던
착한 손자다.

외손자들

외손자 한상이,
추석 시-로 서울 갓다가
동대구역에 도착하니 손부하고 갓치 와서
가방을 바다 실고 밥 산다고 가잔다.

뜨란길에 가서 이적근 안 먹어 본 거
골고루 잘 먹엇다.
저-집에 드러가 놀다가 오는 데는
감얼 한 상자 집까지 와서 들나주고,
시계가 작꼬 빨나진다 하니
시간 맞차 주고 한참 안자 놀다 갓다.
혼자 사는 외할매라고 그래 생각는다.

외손자 민규,
군대 간다는 소식얼 들엇는데
전화도 업스니 답답고 섭섭다.
지 홀런이나 잘 바드면 대지만.
내 팔순잔치 때 알바해서 버럿다고
용돈 하라며 심만 원이나 주던
기특한 외손자다.

생질 조카 질여

부산 둘째 생질이
울산에서 사위 보는
잔치럴 한다는데,
애비는 못 온다 하고
내더러 누나하고 가라는데
내가 안 간다 하니
딸도 안 간다네.

그래서 될 일이 아니지
고종이 잔치럴 하는데
하나라도 얼굴얼 보여야지 하면서
내가 가자 해서
박실이와 갓치 갓다.

부산 조카, 질여, 질부
다 만나보고
울산 인섭이 생질도 만나보고
한 상에 둘어안자
점심도 먹고

친척이 그립다가
그날언 하루라도
사는 맛시 낫다.

잔치하는 생질이
차비 하라면서
돈얼 십만 원이나 주네.
대전 생질도 오만 원 주고
부산 조카도 오만 원 주고
민실이도 오만 원얼 주네.

오래 사니
생질, 조카, 질여한테
용돈얼 마니 어덧다.
친척에 대한 그리움도 풀고…….

서울 사돈

서울 사돈이
차 마시로 오라 그래서
아들하고 며늘하고
세 식구가 갓다.

사돈 막내아들이 찻집을 차렷는데
사돈 둘째딸네 네 식구에다가
사돈하고 우리 세 식구 하고
여덜사람이나 모엿다.

돈을 울매나 악기는 에미가
차와 빵얼 실큰 먹고 남도록 삿다.
찻집이 빵도 마싯고
너르고 조트라.

오랜만에 마음 맞는 사돈 만나
돌아가신 영감들 이약이도 하고
사라나온 이약이도 하고
조흔 이약이 만이 햇다.

• 제4부 •
현동역 대합실

현동역 대합실

현동역 대합실

열 시에 집얼 나서서
한배미로, 역으로 해서
막지고개로 넘어 왓다.

기차역 대합실에 드러가니
직원도 하나 업는 역에
대합실얼 얼마나 잘 해 낫는지
이해가 안 갈 정도로 해낫다.

누가 거게 안자 책보고
놀 사람이 인는데
의자럴 빽 돌여녹코
바닥에 마루럴 깔고
책꼬지에 책얼 갓득 꼬바녹코.

그런 머리는 쓰는데
차 탈낙고 기달이는 자리에는
으자 하나 업고.
그게 잘 해논 게라.

밤

뒷산에 밤 주로 가니
밤언 온 산에 널냇는데
산이 너무 험하고,
밤얼 줍는 재미는 잇는데
가지고 오기 힘들고
더 이상 못 줍겠더라.

아들 집에 보내 줄낙고
굴근 거는 다 골아 녹코
벌내먹은 짱그레기만
쌀마 까먹을나니
줍기보다 더 힘든다.

아들네 집에 밤 부처 줄나고
택배집에 전화럴 하니
월요일은 밥부고 화요일은 한글날이라
접수가 안 댄단다.
밤은 박게 오래 나두면
벌내가 나서 안대지.
밤 부치기도 줍기만큼 힘든다.

고구마 줄기

장성수퍼집이
고구마럴 캐고 고구마 덤불얼
골목에 무제낫드라.
줄기럴 먹을낙고
어둡도록 따 가지고 와서
저녁얼 먹고 열 시가 넘도록
껍질얼 깟다.

반도 못깐는데
손톱이 압파서
더 이상 못 하겟다.
내일 하루종일
또 만저야 겟네.

머라도 먹을나니
일이 만타.

맛는 게 조타

일기 쓰라고
박실이가 사준
공책하고 볼펜이
다 쓰고 업다.

다이소에 가서
공책하고 볼펜얼 사고 보니
잘못 샀다.
얄분걸 두 권 살 걸.
너무 뚜꺼운 걸 샀다.
고향 갈 때 가지고 가서
써야 하는데 그것도 무겁다.

갈 때고 올 때고
먹든 거 다 싸들고
다니느라 짐이 무겁다.

공책이든 머든
다 지한테 맞는 게 조타.

물이라도 주세요

대학교 안에 운동얼 갔다.
한 박퀴 돌다가
구내식당 각가이 간는데
예전에 박실이가 닥티김얼 샀는데
얼마나 맛이 잇던지
오육년이 지난는데도
아직도 생각이 나드라.

혼자라도 한번 사 먹어 보자
하고 들어 갓드니
그때는 일인분이 삼천 원이연는데
이제는 이백 원이 올낫드라.
닭티김이 나왓는데 깍두기도 안주고
닭티김 여섯 동갈이만
갓다 주는게라.

물이라도 주세요!

일회용 마스크

옷가게에 가서
쪼끼 하나
사입고 오는데
친구가 저녁 먹고
가란다.

저녁 먹고 오는데
일회용 마스크럴
열 개나 준다.

일회용이지마는
나는 하나 가지고
몃칠식 쏜다.

악까워서
하로 쓰고
우예 버리노.

나는 게그르다

경노당에 가서 놀다
국수 쌀마 저녁 먹고
여섯 시도 덜 댓는데
친구가 학교 한 박구
돌아오자 해서 갓다.

못가에 가니 분수대가
얼마나 시원하게 나오고
사람이 인산태가 낫네.
운동장 마다 학생들언
공 치느라고 정신 업고,
북도 치고 장구도 치고.

불언 대낫갓치 발꼬
밤에는 처음 나가봣네.
학교 안에는 밤낮지 업네.
그래고 보니
나는 게그르다.

운동

경노당 가서 놀다가
저녁 먹고 오는데
뒷골목 정자 압폐
운동기구가 잇다.

팔 돌리는 기구하고
허리 돌리는 기구하고
두 가지나 잇다.
올나 가지도 안하는 팔얼
얼마나 돌리다 왓다.

지-만 부지런하면
운동은 안매라도
할 수 잇는데
이제는 그것도 힘든다.

시장보기

아레는 동대구시장 가서
과일 한 봉지 삿다.
집까지 오는데
얼마나 무겁는지.
들고 오다가 안고 오다가
겨우겨우 다 왔다.

오늘은 구루마럴
가지고 가서 만이 삿다.
수박 한 덩어리 사고
칼치 한 도실악 하고
우유도 한 통 삿다.

구루마가 잇어도
집까지 끌고 오는 건 힘들다.
돈이 잇서도
이제는 힘이 업서
시장도 마음대로 못 본다.

가는 정 오는 정

아침 먹고 골목에 나가니까
압집이 모과럴 따가지고
해마다 대문 박게 내논는 단다.
먼저 보는 사람이 가지고 가는데
올해는 내가 먼저 밧다.

한 봉지 뭇줄하게 드런는 걸
내가 다 가지고 왔다.
이층 주인집에 반 주고
전회장네 집에 가저다 조따.

전회장이 고맙다고
커피도 타 주고 붓치개도 부처 주고
담북장도 맛있게 만드러서
한 통 준다.

가는 정이 잇어야
오는 정이 잇다.

엇던 어저씨들

경대 안에 운동얼 가서
모과럴 멧 개 따왓다.
지나가던 엇던 아저씨가
나무럴 흔들어 주었다.

오후에 멧 개 더 따로 갓다.
엇던 아저씨가 낭게 올나가서
만이 따내랴 녹코
내더러 주-가지 마란다.
그래도 세 개만 주소 햇더니
굴근 건 주-가지 마란다.
그래서 자근 걸 세 개 주서 왓다.

엇던 어저씨는
나무럴 흔들어 주고 가든데
이 아저씨는 욕심쟁이다.
저 해라도 그러지 못할 깬데
학교꺼럴 따면서…….

손집사1

너무 덥고 피곤해 누워 인는데
손집사가 전화럴 햇다.
병원 갓다드니 엇대요 하면서
안부럴 물드라.

호박얼 엿코 칼국수럴
맛잇게 쌀머서 한 사발 하고
간장도 잘 매워서
땀얼 철철 흘이면서 갓다 주고 간다.

에어콘 돌리고 안저서
맛익게 잘 먹었다.
멀이 인는 자식보다
이우지 낫다.

그것도 주고 반는
정이 잇어야 한다.

손집사2

경노당에서 오는 길에
팔이 압파 파스럴 샀다.
오면서 생각하니
혼자는 못 붓칠 것 갓아
손집사 집에 들어갔다.

손자가 왔다 가서
반찬얼 만이 햇다며
맛인는 반찬하고 밥얼 주는데
얼마나 맛시 인는지
실큰 먹엇다.

어깨에 파스도 붓처주고
집에 인는 파스까지 차자 준다.
그래고 곤짠지 하고 깻입짠지 하고
반찬도 두 가지나 준다.

참 고마운 손집사다.

그런 언니

경노당에 가니
인심 조흔 언니가
압파서 못 나온단다.
그래서 그 언니 집으로
문병을 갓다.

갓더니 놀다가라 카면서
백 원짜리 십 원짜리
다 터러 준다.
화투 밋천 하라 카면서.
그래고 귤도 주고
사탕도 주고
인는 거 업는 거
다 내 준다.

그 언니는
그런 언니다.

엇던 새댁

집압 농협에
달역 어드로 가니
업단다.
신도극장 엽페
큰 농협에 가니가
자기 농협에 거래럴
해야 준단다.

못 엇고 나오는데
엇던 새댁이 보더니
거게 잇서바요,
내가 하나 어더주께요.
하면서 들어 가드니
하나 어더다 준다.

그 새댁이 얼마나 고맙든지.
달역 인심은 예전만 못해도
요새 이런 새댁도 잇다.

친구 조금태1

감기에 미련얼 쓰다가
병원 갓다 오는 길에
조금태 친구집에 들여서
갈비탕얼 어더 먹고 왓다.

이 친구집에 가서
사흘도리 모여 놀다 보면
밥도 해주고 라면도 끄려 주고
커피도 주고 과일도 내녹코.
이 친구는 평생 그래 산다.
대현동 오드미로
친하게 지내는 게
한 날 한 시 것다.

곰 꽈딱고 오라하고
고딩이국 끄렷다고 오라하고
꿀밤묵 햇다고 오라하고,
봉화댁이한테는
머라도 주고 십단다.

친구 조금태2

아침 먹고
한나절 자고 누엇는데
조금태가 전화럴 햇다.

팔이 압파
아무것도 하기 실코
누어 잠만 잔다 하니까
파스라도 사서 붓처바라
사가지고 경노당에 온나
붓처줄께 한다.

그말 듯고 사가지고 가서
파스럴 붓치고 노는데
친구가 또 자기 집에 가서
밥해 먹고 놀다 가라
하면서 가잔다.

집에 밥도 업고 따라가니
금방 밥얼 해 가지고

곰국하고 김치하고
잘 먹엇다.
오는데 또 김치럴
한 봉지 주네.

오나가나 나는
만이 어더 먹고
친구 덕에 산다.
내 친구 조금태는
그런 친구다.

복지관

복지관에서
팥죽얼 끄러서
노인들 대접한다고 오라해서
가서 잘 먹고 왓다.
나믄 과일하고 떡하고
음요수는 갈나서
싸 가지고 왓다.

갈 때 차 태워 주제
팥죽 잘 먹고
커피 마시고 안잣스니
집까지 차 태워 주제.

혼자 인는 나한테
멀니잇서 신경 못 쓰는
자식보다 낫다.

• 제5부 •

무럽을 다첫서

춘양면 석현1리

병원

아침얼 일직 먹고
씨티병원에 갓다.
엑쓰레이럴 찌거 보드니
학실하게 들어나는 게
업네요 한다.

주사럴 양팔에
한 대씩 맛고
약 일주일 분 짓고
일주일 후에 또 오란다.

계모임 가서 점심만 먹고
뒷전에 가마 누엇다가 왓다.
팔이 이럭케 심하게
아푸기는 처음이다.

양팔이
올나가지럴 안하니
이레 가지고 어옛고.

친구따라

떡과 우유럴 먹고
커피 한 잔 타서 마시고
아침을 때윗다.

친구가 자기 가는 병원에서
주사 맞고 약 먹고
몃태가 지낸는데
팔이 안 압푸다며 갓치 가잔다.
자기는 허리가 압파서 가고
나는 팔이 압파서 가고.

사진을 찍어 보드니
양팔이 다 핏줄이 날가서
그래 압푸단다.
양팔에 주사럴 나주고
약얼 오일분 지어 주고
오일 있다가 또 오란다.

주사럴 맞아 그런가
지금 팔언 안 아푸다.

열 번이라도 오지요

오늘은 곗날.
계 하로 가는 길에
동대구시장 뒤골목에
새로 문을 연
정영외과에 갓다.

에마라이 복사해다 난는 걸
가지고 가서 보이니까
이 정도면 수술얼 해야 하는데
연세가 만아 힘이 든다 한다.
그래면서 주사럴
한 대 맞자 보소,
덜하면 한번 더오소 한다.

덜 하기만 하면
열 번이라도 오지요 햇다.

사진은 열심히

대명동에
새로 생긴 병원이
어데가 압파도 주사로 곳친다고
이웃사람이 그런다.

그게 또 솔곳해서
씨티병원에서 찍언 에마라이 사진얼
가지고 가서 보이니
자기도 간단하게 찍어 바야 댄단다.

양 어깨럴 다 찍어보고
초운파도 해보드니
주사 한 대 나주고는
약으로 안대면 수술얼 하는데
수술도 힘든다 한다.

오나 가나
사진은 열심히 찍는다.

새벽 세 시에

새벽 세 시에 병원얼 갓다.
버스는 안 다니고
택시도 안 타고 걸었다.
일어나지도 안 하든 시간에
택시비 악끼겟다고 두 시간 반얼 걸었다.
평생 첨이다.

그래 가도 십구 번에 적었다.
박게서 기달렷다 화장실도 못가고.
여덜 시가 대니까 번호럴 부르는데
나는 오후 네 시 반에야 본단다.

기다릴 수가 업서
버스 타고 집에 와서 누엇다가
밥 한 술 먹고
보일라 청소럴 하고 나니
땀이 물 퍼분드시 쏘다진다.
사워를 하고 가잔이 밧버서
네 시 오 분 전에야 병원에 도착햇다.

조금 안잣다니까
이름얼 부르드니
금사럴 해야 한단다.
귀 금사 눈 금사하고
주사 맞고
일주일 분 약 처방 밧고
이만 원 돈이 나왔다.
약 다 먹고 또 오라드라.

버스 타고 집에 오니
일곱 시가 다 되엇다.
병원 한 군데 갓다오느라
하루가 밥벗다.

그래도 낫기만 하면 댄다.

수술하면 쓸나고

먹든 약도 끈나고
병원 오라그는 날인데
효과도 안 나고
가기가 실어 안 갓다.

금은방에 가서
금갑설 아라보니
요줌 조금 올낫다드라.
그래서 금반지럴
가지고 가서 팔앗다.

돈언 통장에 여-낫다.
혹시라도
팔 수술하면 쓸나고
모둔는다.

이런 줄 누가 알아

시장골목 내과에 가서
심만 원짜리 주사럴 마젓다.
어지러워서 못살겟다.
이년이 넘엇다.

소 지래가 조타해서
춘양 막내동생한테 부탁해서
두 마리 구해 먹고

내가 대구에서
한 마리 사 먹고
그래도 아무 효과럴
모르겟다.

절박해서 못 살겟다.
이런 줄 누가 아라.

교회 한으사

교회가서 예배보고
교회에 한으사가 잇서
매주 일요일언 무료로
침 맞즐 사람은
침얼 나준다.

그래서 원장님한테
어지러 못살겟서요 하니까
머리에다 침얼
네 대럴 꼬바녹코
기다리란다.

그래고는
청심환을 만이 사녹코
매일 한 개식 먹으란다.
무료 침이든 청심환이든
효과만 잇으면 댄다.

혈압약

경노당에
혈압 재는 기계가 잇서
혈압얼 재보니 백구십이라.
아직은 혈압하고 당뇨는
업다고 생각하고 잇선는데.

이승표 내과에 가서
어지러워서 왓서요 하니
혈압얼 재보드니
그럭게 놉지는 안는데
약은 먹는 게 조타네.
당뇨약도.

혈압약하고 당뇨약 하고
안 먹든 약얼 두 가지나
한꺼번에 먹기가 대네.

난초꽃피다

육 년 전에 눈수술 햇는
난초꽃피다 안과에 가서
눈 금사럴 하니
눈에 때가 낏다 한다.

간단한 수술얼 하면 된다
하면서 하는데
아무치도 안 하고
불만 뻿듯뻿듯 하드니 됫다 하면서
돈얼 구만 원이나 달나 한다.
질료비 이천 원 하고
구만 이천 원 썻다.

처방해주는 약도 한 병
그래고 내일 또 오라 한다.
나머지 한쪽 눈얼
마저 해야 하니
또 그만치 드러야지.

내일은 토요일

이비인후과럴 갓다.
귀럴 금사해 보드니
귀에 귓첸이가 말나 붓터서
그렇다 하네.

약 사엿코
뿔과서 띠야 한다면서
약만 처방해주며
내일 오란다.

오늘은 왜 안대요? 하니까
하루에 두 번 안 바준단다.
그르니까 할 수 인나.
약만 사가지고 왓지.

내일은 토요일인데
질료비가 더 빗싸다 하든데
내리 가지 말까 생각중이다.

시시마금

아침부터 비가 온다.
막내동생이 전화럴 햇다.
병원에는 가반는가?
그래, 뼈는 계얀탄다.
침얼 맛게 그게 효과가 빨리나대.
우산얼 들고 한으원얼 갓다.
침얼 나주고 약얼 세 봉이나 주면서
월요일날 또 오란다.

경노당얼 가니
고향 간다디 하마 왓서? 한다.
씰어저서 팔얼 다처
병원 갈나고 일직 왓서 하니.
그래 나도서 안된다 하면서
시시마금 약얼 갈체 주면서 겁얼 준다.

그 약얼 또 사 먹어야 되나
말아야 되나 마음 갈랜다.

무럽얼 다첫서

아침얼 일직기 먹고
기차 타로 가느라고
얼마나 급피 거런는지
다리가 느런 햇다.

일직기 나선다는 게
여게 저게 가보고 또 가보고
맨날 밥분거름 친다.

삼분얼 기달이니 차가 왓다.
역전에 인는 아저씨가
가방얼 들어주면서
먼저 올나가자 칸다.

핸드백 하나 들고 올나가는데
계단얼 어예 디댄는지
발이 기차 밋테 빠젓다.

어저씨가 몸얼 들어 올려주고
신발도 주어 주고
가방 들고 뒤따라 와서
자리까지 자바 준다.
차장 두리가 와서
멍든 무럽에 연고럴 발나주고
휴지도 갓다주고 그래 신경을 써준다.

대구 집에 가방 들라녹코
약방 가서 보이니 껌적 놀라면서
연고만 발나 안 대니더
병원얼 가보소 한다.

원장이 사진얼 넷 판이나
찍어 보드니 뼈는 안 다첫다 한다.
주사 한대, 약 삼일분 처방해 주고
이만삼천백 원얼 달나네.
약갑언 삼천육백 원이라드라.
그럭케 악기는 돈얼
눈 깜작 새 삼만 원얼 휘딱햇다.

안동 동생이 전화럴 햇다.
무럽 다친 이야기럴 하니
다친 데는 주근 피럴 빼야 하네 한다.
그 소리럴 듯고 한으원얼 갓다.

이 한으원은
이적금 안 가본 데다.
손님이 만이 도로안잣는데
이상케도 손에다가
침얼 꼭고 안잔는게라.
원장님이 압푼 데 침 논는 게 아니고
손에만 침 나가지고 다낫게 하니까
손에 침얼 맛고 한 시간 잇다가
빼고 가란다.

이적금 침 마주로 수타 단여 밧지만
그래 침 논는 데는 첨밧다.
팔십 평생에 기차 밋테
발 빠진 것도 첨이고…….

목욕

다섯 시 반에
목욕얼 가서
아홉 시가 넘머 왔다.
팔이 얼마나 아푼지
때럴 밀 수가 업다.

돈 이만 원 악길나고
혼자서 억지로 다 씻고 왔다.
남들은 딸도 갓치 오고
며느리도 갓치 오고
때도 밀어주고 하는데
나는 목욕얼 가도 외롭다.

나도 딸도 잇고
며느리도 인는데.

이거럴 누가 알아 줄가

아침 먹고 목욕얼 갓다.
고향얼 갓다와서
목욕얼 하느라고
보름도 너멋다.

팔이 아파서
억지로 하면서도
때미리 아주머니한테
몸얼 안 마끼고
돈 이만원 안 쓸라고
힘 드럿다.

그 돈이
업는 건 아닌데
때미는 데
그마이 쓰기는 악갑다.
이거럴 누가 알아줄까.

나는 왜 이래 사나

얼마 만에 목욕얼 간는데
오유월에도 목욕탕에
자리가 업슬 정도로 안잣네.
이천오백 원씩 하는 주─수럴
사람마다 한 통식 다 갓다녹코
마세 가면서 목욕하는데
나는 그걸 구경만 하지
못 사 먹는다.

한 날은 배가 곳푸겔래
우유 하나 달나해서 마시고
돈얼 줄나고 물으니까
수퍼에 보다 사백 원얼 더 밧네.

목욕탕 바로 엽페
수퍼가 인는데.
그 돈이 울매나 악갑든지.
나는 왜 이래 사나.

내 손이 내 딸

빨내럴 했다.
팔이 압파 못타고
두달 석달 모아 녹코
걱정만 하다가
시작얼 했다.

빨내야
세탁기가 하지만은
그래도 사람 손이
얼마나 만이 가노.

빨내 한다고
힘은 들어도
내 손으로
할 수 잇으이 조타.

내 손이 내 딸이다.

이월 초하루

오늘은
음역 이월 초하루다.
여자들이
나무집에 일직 가면
닥 미기는 집언
닭기 안 된단다.

그래서 오전에는
여자들언
이우절 안 간다.
오늘 하루는
더 길겟다.

내일은 대구 간다.
가기는 귀찬애도
시골보다
시간언 잘 가 조타.

• 제6부 •

하나님 뜻대로 하세요

교회

교회에서
김치 해 난는 걸
구루마 가지고 가서 실고 왓다,
내 짐으로 한 짐이라.
오르막에는 재우 끌고 왓다.
얼마나 고마운지.

내가 일요일만 가서
헌금 쪼금 내고 커피 먹고 밥 먹고
양대로 먹고 놀다가 오는데
교회서 주는 게 만타.

하나님한테도 미안코
목사님한테도 미안코
부목사님 한테도 미안타.
누가 날얼 그래 도와줄 사람이 잇서.

정말 고맙다.

팟죽

경노당서 저녁 먹고 왓는데
교회서 팟죽얼 끄려서
신도들 집집이 갓다 주네.

일요일이 동진데
미리 끄려서 주네.
전에는 그런 게 업섯는데
올해는 팟죽얼 다 끄려주고
고맙네.

죽도 얼매나 마싯게 잘 끄렷는지,
경노당서 밥얼 만이 먹고 왓는데도
죽얼 먹다가 먹다가
반 그럭선 먹엇서.

반은 나돗다가
낼 아침 머야 댈다.

뭘 아라야 하지

교회 가서 예배 보고
점심얼 먹는데
소고기 주물럭이 하고
반찬도 만코
귤도 주고 잘 햇더라.

무르니까
노권사가 돌아가셧는데
가족들이 와서
점심 식사럴 햇다네.

나는 교회 다니다가 죽어도
갓치 다니는 가족도 업고
듯도 보도 못타고
뭘 아라야 하지.
생각하니 걱정댄다.

어버이 주일

교회 가서 예배보고
장노 뽑는 선거도 하고
점심도 잘 햇는 걸
어더 먹엇다.

어버이 주일이라고
김 한 상자식 선물도 주고
내 팔 아푼데
약갑시라도 보태씨라고
돈얼 삼심만 원이나
구역장이 어더 주더라.

남한테 이마이 큰돈
바다 보기는 첨이다.
참 고맙드라.

목사님 취임식

새 목사님
취임식얼 하드라.
서울에서 인천에서 대전에서
목사님 잇다가 온 교회에서
친가에서 처가에서
손님이 얼마나 만이 왓든지.

목사님들언 다 나와서
새목사님 칭찬얼 얼마나 하는지
부러울 정도라.
안 그래도 키 크고
설교 잘한다고 모도 조와 하는데
취임식 하고 보니 더 조와 보이네.

그 만은 사람
선물얼 다 주고,
하나님 덕분에
조흔 구경햇다.

호국평화기념관

교회서 장년부 수련회럴 한다고
관광차 두 대, 자가용 몇 대가
칠곡 호국평화기념관얼
구경하로 갓다.

그 안에 식당도 잇서
점심도 거게서 먹고
놀다가 사진도 찍고
한나절 즐겁게 보내고 왓다.

땅도 너르고 건물도 잘 지-낫고
칠곡에 그런 건물이
인는 줄도 모르고 사랏다.

오늘에야 하나님 덕분에
거기럴 가반는게 신기하다.

하나님 뜻대로 하세요

교회 갔다
오는 길에
장갑얼 한 짝
일엇어.

그걸 찾지로
갈라니 힘들고
아깝지만은
엇저나.

다음 주일에
가다 보면
길 섭페 잇을라나.

하나님
뜻대로 하세요.

경노당

어제아레는
경노당에 가서
계란 하고 감주럴 먹었다.

어제는 커피럴 주고
고구마럴 주고 누룽지도 주고
그래 입 다시고 와서
두유 하나 먹고
저녁 때웟다.

오늘도
경노당 가서 놀다가
감자 쩌주는 거 먹고 왓다.

요새는
경노당 덕에 산다.

외로워도 편타

비가 얼마나 오는지
비럴 맞고 교회 갓다가
비럴 맞고 왓다.
대구에 비가 하루종일
오는 건 처음 본다.

혼자 들어 안잣기는 실코
또 경노당에 갓다.
오늘은 사람이 만이 모여
고돌이 두 팀이 찻다.
저녁까지 먹고 왓다.

혼자 잇스니
이것저것
걱정 안 해도 되고
신경 안 써도 되고
외로워도 편타.

에어콘

뒷동네 정자에도
너무 더우니 사람이 업다.

경노당얼 갓드니
에어콘도 돌리고 선풍기도 돌리고
에어콘 압페 바로 안자스면
추워서 못 안잣다.
이리저리 피해 안는다.

경노당 갈 동안은
덥지만 가면 춥다.
에어콘도 선풍기도
얼마나 세게 켜녹코
인는지 춥다.

그래고는
고돌이 치느라고
정신이 업다.

고돌이

얼마나 덥는지
하루종일 누었다가
이것저것 만지다가
그래도 아직 시간이 만아
경노당에 갔다.

계란도 먹고
참외도 먹고,
십 원짜리 고돌이럴 치는데
천육백 원얼 일엇다.
엇째 이래 안되노.
안되는 날언
죽어도 안 된다.

인심 좋은 회장한테
천 원얼
어더서 왔다.

소낙비

경노당에서
고돌이럴 쳐
돈얼 오백 원얼
땃다.

오다가
우산도 업시
소낙비럴
폭삭 마잣다.

오랜만에
돈 땃는데
돈 땃다고
벌얼 주시는 겐가.

딸 때도 잇다

점심 먹고 한 잠 자고
경노당 갓다.
고돌이럴 처서
돈얼 천원 넘어 땃다.

만이 일은 사람
삼백 원 주고
비빔국수로
저녁얼 먹고 왔다.

고돌이 치면
맨날 일는데
내가 돈을
딸 때도 잇다.

행사장

어제는
행사장 가서
휴지 하나 어더 오고

점심 먹고 오후에는
컵나면 한 상자
어더 왓다.

오늘도 행사장 가서
한나절 안젔다가
휴지 하나 어더다 녹코

점심 먹고
또 가서 안젔다가
참깨 한 봉지
어더 가지고 왓다.

행사장 덕분에
세월은 잘 간다.

계란 두 판

할 일은 업고
안젓다가
섯다가
또 행사장에 갓지.

계란 두 판 밧아다가
한 판언 경노당에
또 한 판언 이우제
갈나 주엇지.

내 먹을 계란은
박실이가 사다조서
냉장고에
밀내 있지.

안 사고는

집에 잇스니
낮잠만 자게 대고
행사장에 가니
동네사람 다 만나고
조키는 한 대
안 사고는 못 배긴다.

오만 물건얼 다 파는데.
오전에 행사장 가서
홍삼얼 사왓다.
오후에 농협 가서
돈얼 차자서
행사장 가서 홍삼갑설 주고
또 선물얼 바다 왔다.

무거워
겨우 들고 왔다.
세월 보내는 갑이다.

누가 걱정이나 하나

한의원에 가서
침 맞고 오는 길에
대구은행 뒷골목 행사장에서
계란도 주고 식사대접도 한다고
광고지럴 돌이며 초대럴 하는데
거게럴 안 가볼 수가 잇나.

가보니 약 선전얼 하는데
드르니 솔곳하다.
사는 사람이 업스면
나 혼자는 안 사지.
그런데 사는 사람이 만타.

내가 돈 나두고
알코 잇서도
누가 걱정이나 하나.

나도 약을 삿다.

권가라 하드라

행사장서 사 온 청소기럴
내가 조립얼 못태서 가밧드니
짐얼 싸녹코 정리럴 하고 잇드라.

왜 이레요? 하니까
사람이 안 와서 못태요.
멋칠 선물만 따먹고는
안 오는데 엇떡케요?
하는 말을 들으니 가슴이 아푸드라.

나이 사십 두 살에
딸이 하나 잇고
장모가 혼자 사는데
거기에 언처산다 하드라.
이혼당할 사람인데
아직 이혼언 안 당햇습니다 한다.

성언 권가라 하드라.

| 추모시1 |

어머니,
요단강을 어떻게 건너셨나요?

- 홍만표(맏아들)

어머니,
요단강을 어떻게 건너셨나요?
강은 얼마나 멀었습니까?
물은 얼마나 깊었습니까?
그 어두운 강을 어떻게 다 건너셨나요?
물살은 얼마나 세고 바닥은 얼마나 험하더이까?
칠흑같이 어두운 그믐날 밤에
무엇에 의지해, 무엇을 등대 삼아,
누구를 동무하여 건너셨습니까?
어머니!
그 애통(哀慟)의 강, 애곡(哀哭)의 강을
어머니 홀로 어떻게 건너셨는지
저는 아직도 감히 가늠조차 하지
못하겠나이다.

이웃집 할머니의 짐을 들어주다가
허리뼈에 금이 가서
금호강 건너가서 병원에 입원하시고,
간병사로부터 코로나19에 감염되어
동산병원에 입원하기 위해
다시 신천을 건너오셨지만
그다음에 또 다른 강 요단강까지
건너시게 될 줄은 꿈에도 몰랐습니다.
그런데 저는, 오롯이 어머님 혼자서
그 요단강을 건너시게 했습니다.
온몸으로 부축하기는커녕
손조차 잡아 드리지 않았고
목 놓아 애타게 부르기는커녕
위로의 말 한마디조차도 건네지 않았습니다.
어쩌자고 그러했단 말입니까?
어쩌자고, 어쩌자고…….

"목도 안 아프고, 배도 안 아프고,
아픈 데는 아무 데도 없어. 정신도 맑다."
라며 마지막 통화를 했던 어머니가,
갑자기 병세가 악화되었다며
의사가 임종 면회를 할 거냐고 물었을 때,
저는 하지 않겠다고 했습니다.
어머니는 의식이 없으시다 하고,

면회 후 2주간 자가격리도 해야 한다 해서
임종면회를 거부했습니다.
어머니! 임종이라는 것이
자식이 부모 생전에 하는
마지막 효도일 텐데
그 마지막 효도조차도 저는 하지 않겠다고
냉정히 걷어찼습니다.
어머니!
이 불효를 다 어찌한단 말입니까?
마지막 가시는 길, 의식이야 있건 없건
손이라도 잡아 드리고
귓가에 "어머니 사랑합니다."
한마디라도 넣어 드렸어야 했는데,
이 아들은 바이러스가 무섭다고
임종조차 거부하며 어머니 손을 뿌리쳤습니다.
어머님이 무엇을 위로 삼아,
누구에게 의지하여 그 험한 요단강을
건너시라고 그리했단 말입니까?
어머니 혼자 요단강을 건너시게 한
이 불효를 다 어떻게 한단 말입니까?

그리고 어머님이 돌아가셨다는
연락을 받고 신원 확인을 위해
한밤중에 어머님을 뵈러 갔을 때도

병동 뒤 으슥한 뒷골목 저 멀리 이동용 침대 위에
어머님이 누워 계신 것이 분명한데
달려가 부둥켜안고 목 놓아 울기는커녕
쌀쌀한 새벽공기에 떨고 바이러스의 공포에 떨며
그냥 망연히 서 있었습니다.
가까이 와서 얼굴을 확인하라는
병원 직원들의 재촉을 받고서야 어머님께로 가
어머님이 누워 계신 비닐백의 얼굴 부위에 나 있는
작은 반원형 지퍼 문을 통해
어머님의 망극한 모습을 보았습니다.
입고 계신 환자복 옷자락이 조금 보였으며
머리카락은 다소 헝클어져 있었으나
얼굴 색깔은 하얬습니다.
약간의 붓기가 있는 듯하였으나
평소의 모습과 크게 다르지 않았습니다.

그런 어머님의 얼굴을 보고도
저는 비닐백에 손도 대지 않았습니다.
얼굴 쪽으로 손을 내밀다 말았습니다.
소독을 하였을 텐데도 저는 무서웠습니다.
그 시간 칼날 같은 조각달조차 없었습니다.
희미한 가로등 불빛만이 소리 없이 흘러들고 있는
그 병동 뒤 으슥한 곳에서
범죄자들과 은밀한 불법적 거래를 하듯

그렇게 어머니를 마지막으로 보았습니다.
그때 저는 아무것도 하지 않았습니다.
몸속 깊숙한 곳에서 가슴을 찢으며
터져 나오는 오열(嗚咽)은 고사하고
눈물 한 방울조차 흘리지 않았습니다.
고통 속에 가신 어머니의 뺨을
한 번 쓸어 드리지도 않았고
손끝조차 잡아 드리지 않았습니다.
아들조차 손잡아 주지 않는 요단강을
어머니께서는 무엇에 의지하여
다 건너셨습니까? 어머니!

정부 방침에 따라, 돌아가신 다음 날
바로 화장(火葬)을 해야만 했습니다.
병원에서 화장장까지 운구할 때
작은 장의차의 운전기사는,
유족 중 한 사람은 방호복을 입고
운전석 옆자리에 같이 타고 가도 된다고
했지만 저는 그렇게 하지 않았습니다.
방호복을 입더라도 어머니와 한 공간에
있는 것이 두려웠습니다.
어머님이 누워 계신 관을
끌어안고 통곡해야 했거늘,
관 위에 손이라도 얹어 나의 따스한 온기를

어머님께 전하려 했어야 했거늘,
저는 그렇게 하지 않았습니다.
자식조차 안아 주지 않고
손잡아 주지 않는 어머니를
누가 위로해 줄 거라고 그렇게 한단 말입니까?

그리고 화장장에서 진행요원이
어머니 관 앞에서 마지막 인사를 하라 하면서
관을 만져 봐도 된다고 했을 때에도
저는 그렇게 하지 않았습니다.
그냥 한동안 묵념을 올린 후
어머니를 보냈습니다.
어머니! 아들이 이렇게도 매정하고
매몰찬 인간이었습니다.
관에 손이라도 얹어보라는데
그조차도 하지 않다니요.
분명 힘겹게 건너고 계실 마지막 강,
요단강을 건너시는데 손끝조차
내어 주지 않다니요.

어머님이 화장로로 들어가시는 것을 보고
건물 밖으로 나오니 진행요원이
비닐로 만든 대기소에서
1시간 반을 대기하라고 했습니다.

기다렸다가 유골 수습 장면을
보게 하기 위한 것이었습니다.
그러나 저는 그곳에서 대기하지도 않았습니다.
앞의 다른 사람들이
방호복을 벗고 가는 것을 보고
저도 나가겠다고 했습니다.
어머니는 1시간 반 동안 뜨거운 불 속에서
온몸을 태우셔야 하는데
저는 숨이 막히고 땀이 좀 난다고
그걸 참지 못하겠다고 했습니다.
어머니! 불은 얼마나 뜨거웠습니까?
그 고통은 얼마나 크셨습니까?
누구와 함께 그 고통을 견뎌 내셨나요?
화장장에 와준 유일한 문상객이었던
어머니 교회 목사님과 같이 하셨나요?
목사님이 몸으로 불길을 막아
잠시라도 열기를 식혀주더이까?

어머님을 납골묘 아버님 옆에
나란히 모실 때도 이를 지켜본 것은
어머님의 5남매 외에는 아무도 없었습니다.
그래서 어머니의 마지막 길은
더 외롭고 쓸쓸했습니다.
어머니! 그 외롭고 쓸쓸한 길을

홀로 어떻게 다 가셨나요?
그 험한 요단강을 어떻게 다 건너셨나요?

어머니! 원통합니다. 애통합니다.
그리고 억울합니다.
언제, 어디서, 누구에게 이 원과 한을
다 푼단 말입니까?
하늘보다 크고 태산보다 무거운
원과 한을 홀로 짊어지신 채
그 멀고도 험한 요단강을
어떻게 다 건너셨나요?
자식조차 외면하며 손잡아 주지 않던
험한 강을 무엇에 의지하여,
무엇을 등대 삼아,
누구를 동무하여 건너셨나요?
어머니! 이 불효를 다 어떻게
한단 말입니까?

오늘 어머님을 뵈러
분당메모리얼파크에 갔었습니다.
명절 때마다 아버님을 뵈러
어머님과 함께 올라갔던 꼬불꼬불한 언덕길을
오늘은 혼자 올라갔습니다.
산소 주변에 있는 수백 그루의 벚나무에

벚꽃이 활짝 피어 있었습니다.
그 벚나무에서 떨어진 수천, 수만 개의
꽃잎이 바람에 이리저리 날리더이다.
허약하기 짝이 없는 저의 작은 효심이
산산조각 유리 파편이 되어
가벼운 봄바람에도 소리 없이 날려
가뭇없이 사라지는 듯하더이다.
그 하아얀 꽃잎 하나하나에서
곱고도 어여쁜 어머님의 모습을
보았나이다.
어머니! 어머니! 어머니…….*

| 추모시 2 |

어머니, 꿈에도 몰랐습니다.

- 최희전(맏며느리)

어머니,
곱고 예쁘다는 말 한마디
못 드리고 보내게 될 줄은
꿈에도 몰랐습니다.
굵은 눈송이들이 춤을 추듯
하루 종일 내리고 있습니다.
내리는 눈을 보고 있자니
어머니 생각이 납니다.
집안 잔치 때 고운 한복을 입으시고
수줍은 새색시처럼 흰 눈송이가 흩날리듯
나비가 나풀나풀 하늘을 날 듯
가벼운 춤사위로 사뿐사뿐 춤을
추시던 모습이었습니다.
참으로 곱고도 예뻤습니다.

어머니,

고맙다는 말 한마디
못 드리고 보내게 될 줄은
꿈에도 몰랐습니다.
어머니께서 잘 키워 제게 주신 아들은
큰 선물이자 축복이었습니다.
살가운 며느리가 못 된 저는
고맙다는 말 한마디 못 했습니다.
이렇게 될 줄 알았으면
서툴게라도 무슨 말이라도
할 걸 하는 후회를 합니다.

어머니,
죄송하다는 말 한마디
못 드리고 보내게 될 줄은
꿈에도 몰랐습니다.
바쁘다는 핑계로 자주 찾아뵙지도 못하고
전화조차 자주 드리지 못했습니다.
잘하는 남의 집 며느리 얘기하시는 걸
들으면 그냥 듣기 싫어만 했지
그게 죄송한 일인 줄 몰랐습니다.

곱고도 예쁘셨던 어머니,
춤을 추며 내리는 하얀 눈송이가
아직도 그칠 줄을 모릅니다.*

| 추모시3 |

엄마 미안해!

- 홍은자 (작은딸)

엄마가 마지막 2년간
유서 같은 일기를 남겼다.
언니가 사드린 노트와 볼펜으로
몇 권을 빼곡히 채웠다.
입원 전날, 그다음 날은
날짜만 적어 놓은 채로
엄마의 일기는 끝났다.
나는 엄마를 너무 몰랐다.
늦었다. 아프다.
엄마 미안해!

엄마의 마지막 전화 음성은
아직도 저장되어 있는데
4년이 지난 지금도
다시 열어보지 못한다.
엄마 체온이 남아있는 옷은

벽에 걸어둔 채
지금도 만질 수가 없다.
엄마가 아끼던 예쁜 가방도,
여전히 보기만 한다.

엄마 가시고 일주일 되던 날
언니가 그랬다.
"우리 엄마로 산 육십 년,
엄마는 행복했을까?"
혼자 산 엄마의 일기는
늘 자식들을 기다렸다.
엄마가 원하는 건 그것뿐이었다.
얼굴이라도 자주 보여 줄걸
엄마 미안해!

자식들 보는 것이
엄마의 행복이었는데.
내 아들딸 보는 것만으로도
나는 행복한데.
엄마에겐 나도 그런 딸이었는데.
엄마 미안해!*

| 추모시 4 |

어머니를 그리며

- 김경자(둘째 며느리)

　어머니는 여든이 넘어서도 어여쁜 분이셨다. 동그스름하고 뽀얀 얼굴에 주름이 별로 없고, 목이 조금 굽었으나 허리는 쪽 바르고 머리카락은 희끗희끗 세었으나 풍성한 분이셨다. 피부 관리를 잘하셔서 한 번 씻을 때는 꼼꼼하게 오래 씻으셨다.

　어머니는 멋쟁이셨다. 칠십 대까지는 백바지를 입고 맵시 있는 핸드백을 들고 샌들과 굽이 낮은 구두를 신으셨다. 머리도 깡총하게 파마와 염색을 하시고, 외출할 때는 얼굴에 분과 베니를 바르고 볕을 피해 양산도 쓰셨다. 그리고 계절에 맞는 멋진 모자를 쓰고 다니셨다. 예전에 옷을 사드린 적이 있었는데, 어머니와 함께 블라우스를 고르느라 백화점과 서문시장까지 온 가게를 헤매다, 겨우 맘에 드는 옷을 찾은 것이 생각난다.

　어머니는 사교적인 분이셨다. 사람을 만나고 여행을 좋아하셨는데, 계모임도 두어 개나 되고 경로당에도 다니시고 교회 선교회 모임에도 나가셨다. 시골집에 매달 내려가셨는데 집 관리도 하고 동네 계모임도 참석하기 위해서였다. 혼자 무료하게 시간 보내는 걸 싫어하시고 친구분들과 어울리는 걸 좋아하셨다. 또한 어머니는 흥이 많은 분이셨다. 젊은 시절엔 춤 스텝을 밟을 줄 아셨고 노래도 좋아하셔서, 놀 땐 화끈하게 노는 요즘 말로 '인싸'의 삶을 사신 것 같다.

어머니는 인심이 있으신 분이셨다. 인부를 사서 집수리를 맡길 때면 "집에 일하러 온 사람 배고프게 하면 안 된다." 하시며 식사를 차려 주시고, 영양제와 냄비 파는 행사장에 갔다 오시는 날엔 "대접도 잘 받고 화장품도 선물로 주더라." 하고 자랑을 하셨는데, 나중에는 "인심이 어디 그러냐." 하시며 냄비도 팔아주시고 영양제도 팔아주셨다.

어머니는 성격이 깔끔한 분이셨다. 설거지를 하실 때는 다른 사람이 한 것이 맘에 안 들면 새로 하셨다. 냄비와 주전자를 안팎으로 윤이 반들반들 나게 팔이 떨어져 나가라 힘껏 닦으시고 싱크대도 배수구도 깨끗하게 하셨다. 예전에 어머니 댁 곁에 살 때 우리 집을 둘러보시고 하신 말씀이 생각난다. "여자가 어데 궁디 붙이고 앉아 있을 시간 있나?" 나의 살림살이가 어머니 성에 차지 않아 하신 말씀이었다.

시골집에 한 달에 한 번씩 내려가시면, 가는 날 내내 쪼그려 앉아 쌓인 먼지를 닦아 내시고, 오실 때도 뭐든 깨끗하게 정리해 두고 오시기에, 어머니는 팔과 어깨가 아파 죽을 지경이라고 하소연하셨다. 그럴 때면 우리 내외가 드리는 말씀은 "냄비야 또 사면 되지요. 어머니 팔은 고장 나면 못 쓰니 제발 냄비 말고 팔을 아끼세요!"

여름휴가 때 자식들이 시골에 가족 데리고 와서 자고 가면, 이불을 빨랫줄에 널어 햇볕에 바짝 말리고, 집 안 마루며 방을 먼지와 얼룩이 없도록 쓸고 닦는 관계로, 어머니의 팔과 어깨는 늘 아팠다. 시골 어머니 댁은 항시 깨끗하고 기분이 좋은 곳이었다.

어머니는 음식 솜씨가 좋으셨는데, 그중 내가 좋아한 것은 깻잎짠지, 곤짠지, 안동식혜다. 특히 안동식혜는 세월이 지나면서 그 알싸한 맛을 좋아하게 되었는데, 지금은 더 이상 먹을 수가 없으니 많이 그립다. 어머니는 요리에 맛소금을 즐겨 사용하시고 우리 집에 그것이 없다고 못마땅해하셨다. 내가 만든 요리 중에서는 고등어찌개를 어머니가 좋아하셨는데, 나의 레시피에 관심을 보이셨다.

어머니는 낭비를 싫어하시고 환경에 신경 쓰는 분이셨다. 식재료가 상한 것도 어떻게든 요리해서 드시고, 만든 음식은 상하지 않게 계속 데우고 볶고 해서 버리시는 법이 거의 없었다. 마을 음식물 쓰레기

통을 열어 음식물이 수북이 쌓인 걸 보면 언짢아하셨다. 또 비닐봉지도 허투루 버리지 않으셨다.

 어머니는 무슨 이야기를 하실 때 재미나고 맛깔스럽게 묘사를 하셔서 듣는 이로 하여금 이야기에 폭 빠지게 하셨다. 어머니의 이야기를 듣다 보면 박경리 작가의 작품이 생각날 정도로 그 묘사에 감탄할 때가 많았다. 그때 들었던 이야기를 글로 옮겼더라면 책이 몇 권 나왔을 것이다. 어머니가 한 가지 부끄러워하셨던 게 있다면 글씨로 뭘 쓰는 거였다. 어린 시절 학교 교육을 받을 기회가 많지 않아, 쓰는 것에 대한 두려움이 있으셨던 것 같다. 은행 볼일을 보러 가실 때 가끔 나를 데리고 간 적이 있다.
 그런 어머니가 생전에 하신 놀라운 일이 한 가지 있다. 돌아가시고 나서 발견된 어머니의 일기장이다. 큰시누이의 권유로 몇 년간 일기를 쓰셨는데, 문장이 깔끔하고 글씨도 잘 쓰셔서 내심 감동하였다. 그 일기장이 이제 한 권의 시집으로 되어 나온다니 반갑고 설렌다.
 예전에 어머니 댁 곁에서 십여 년간 산 적이 있다. 그 시절 함께했던 것들이 그때는 몰랐는데, 지금은 소중한 추억이 되지 않는 게 하나도 없다. 깊어가는 이 가을밤 어머니가 더욱더 그리워진다.

어머님!
하늘나라에서 잘 지내고 계신지요?
그곳은 빛과 사랑이 넘치는
아름다운 곳이겠지요.

결혼 후 어머님 댁 곁에서
십여 년 사는 동안
남의 집 사글세에서 시작하여
작은 아파트를 마련하고
아들 삼 형제 낳고 바삐 살면서도
서로 자주 왕래하며
맛있는 음식 만들면 같이 나누고
행복한 날들이 많았습니다.
아! 뒤돌아보니 함께했던
그때가 그립습니다.

애비 직장 따라 머나먼 타향살이,
몸이 멀어지니 마음도 소홀했습니다.
살아계실 때 못다 한 효도
후회스럽습니다.

코로나로 투병하시다
황망하게 소천하신 날.
그때 하나님의 말씀,

수고했다 내 딸아!
내 어여쁜 딸아, 우리 함께 가자.
어머님은 주님의 손 잡고
눈부신 주님의 흰옷 입고
믿음으로 구원받고 천국에 이르셨지요.

어머님 계신 하늘나라,
이곳 시절 다 지나고 때가 되면
그곳 가서 다시 만나겠지요.
예전에 어머님이 하신 말씀
내 귀에 쟁쟁하고 추억으로 돌아오니
깊어가는 가을밤
더욱더 어머님이 그립습니다.*